거울과 그림자

거울과 그림자

초판 1쇄 인쇄 2024년 07월 01일
초판 1쇄 발행 2024년 07월 16일

신고번호 제313-2010-376호
등록번호 105-91-58839

지은이 허무

발행처 보민출판사
발행인 김국환
기획 김선희
편집 조예슬
디자인 김민정

ISBN 979-11-6957-201-9   03810

주소 경기도 파주시 해올로 11, 우미린더퍼스트@ 상가 2동 109호
전화 070-8615-7449
사이트 www.bominbook.com

- 가격은 뒤표지에 있으며, 파본은 구입하신 서점에서 교환해드립니다.
- 이 책은 저작권법에 의하여 보호를 받는 저작물이므로 무단 전재와 복사를 금합니다.

거울과 그림자

허무 시집

나는 벌이 되고 싶었다,
그냥 꽃을 사랑해서 말이다.

목
차

자리 • 10
벌 • 11
자랑 • 12
토하다 • 13
앵무새 • 14
소유 • 15
나의 길 • 16
그 뒤로는 • 17
진실 • 18
바닥 • 19
식탁 • 20
가을이 가는 곳에 • 21
끝 어딘가 • 22
하찮은 • 24
돌아서서 • 25
손톱 • 26
빈집 • 27
눈동자 • 28
옷 • 29
비극 • 30
이면 • 31

사고와 선택 • 32

방문 • 33

무엇을 더 • 34

자가당착 • 35

스무 살 • 36

벌레 • 37

우울 • 38

배 • 39

오랜 이별 • 40

빛나는 • 41

노동요 • 42

구름 • 43

두고 온 것 • 44

스치다 • 45

조바심 • 46

다른 곳 • 47

반작용 • 48

빛 • 49

귀가 • 50

창가 • 52

흰 바람 • 53

흔적 • 54

글씨 • 55

행복한 기억 • 56

노인 • 57

천장 • 58

홀로 • 61

비움 • 63

빈 • 64

창작 • 65

창조 • 66

정화 • 67

발걸음 • 68

웃음 • 69

황야 • 70

회색 공장 • 71

아주 작은 밤 • 72

불빛 • 73

마을 • 74

예술가 • 75

아침 • 76

시간 • 77

물감 • 78

피다 • 79

그저 • 80

빈속 • 81

반가움 • 82

죄와 끝 • 83

해방에 잠기다 • 84

명절 • 85

가족 • 86

생일 • 87

잡담 • 88

꽃이 차시 • 89

황홀한 • 90

이마 • 91

허상 • 92

하나 • 93

실수 • 94

더위 • 95

강박 • 96

표현 • 97

피 • 98

기울다 • 99

겁쟁이 • 100

밤새 • 101

방황 • 102

차례 • 103

공유 • 104

거짓 이쁨 • 105

이중인격 • 106

씻어내림 • 107

대부분 • 108

뒷모습 • 109

냉정한 • 110

임종 • 111

표기 • 112

공백 • 113

미련이란 건 • 114

거울과 그림자

자리

새가 날아든 꽃은,

벌이 앉을 자리였음을.

벌

나는 벌이 되고 싶었다,
그냥 꽃을 사랑해서 말이다.

자랑

품삯이 좋아 자랑했다,
치맛품에 취해 자랑했다.

잔을 비움에 자랑했다,
사랑을 함에 자랑했다.

책임이 있음에 자랑했다,
일이 큼에 자랑했다.

몸이 무거워짐에 자랑했다,
빛이 있음에 자랑했다.

한낱,
자랑했다.

토하다

아름다움이 핀 곳,
곳곳 숨어있던 벌레와.

계절이 남긴 낙엽,
후에 찾아온 부스럭거림.

큰 돌에 넘어져도 웃던 때와,
작은 모래 알갱이조차 커지던 날.

털어 넣던 감기약과,
계속 울던 아이.

뼛속의 보정물,
울다 뱉은 장미.

그 한 톨 한 톨 모아,
쓸어내리던 내 새끼의 손길.

앵무새

새장에서 자란 앵무새가,
자유에 대해 논한다면.

그대는 새의 날개를 볼까,
앵무새의 부리를 볼까.

소유

함께 지냈던 인형이,
숫자가 늘어버릴 때가 됐고.

같이 안던 강아지가,
늙어 무지개가 됐고.

이쁜 말 뒤에는,
숨어있는 성욕만이 그윽하며.

바라보는 눈빛은,
그대만을 향하지 않아.

진실된 울음소리는,
나만 아는 새의 지저귐.

아이의 웃음은,
곧 져버릴 꽃.

나의 길

해는 지고,
달은 떠야 해.

저무는 해를 잡을 수 있는가,
갈 곳 잃은 두 눈만이 떠다녀.

향기를 잃은 채,
향수에 코를 박아.

사랑을 잊은 채,
되려 사람에 모든 걸 쏟지.

해는 지고,
달은 떠야 해.

저무는 해를 잡을 수 있는가,
갈 곳 잃은 두 눈만이 떠다녀.

그 뒤로는

달콤한 입술에 취하여,
꽃에 물을 주는 것을 잊었다.

아니,
알고 있으면서도 잃었다.

나는 졌고,
너는 이겼다.

생화는 졌고,
조화는 피었다.

진실

꽃이 핀다고,
따뜻했던 적이 있나.

내 것이 아니라,
외로웠던 거지.

바닥

매번 바닥엔,
차가움이 서려있다.

매번 차가운 것도,
이젠 진심인 것 같아서.

식탁

높은 코,
등 뒤 진 구름.

차려놓은 식탁,
찌그러진 입술 몇 개.

가을이 가는 곳에

침 내음을 내줘,
아침이면 더 밝아지고 싶던 곳.

밝은 몸,
따뜻해진 곳곳에.

맞추는 향기는 진득하여,
아늑히 전부라 속삭이며 꽃을 태우고.

맺힌 열매가 탐스럽게 익을 즈음,
떨어져 버릴 날에 대한 두려움이 아득고.

찾아온 가을은,
부스럭거림에 툴툴 차던 발걸음.

끝이 던가

한 걸음 더, 한 걸음 더 하다가,
절벽에 떨어진 적이 많아서.

이쁜 꽃을 바라보다,
향기는 향수란 걸 퍼지고 난 뒤 알아서.

주저앉아 있을 땐,
꼬이는 게 파리나 모기가 친구라서.

웃음을 지을 날에는,
가식에 모인 전부라서.

가식에 모인 전부라서,
웃음을 지을 날에는.

꼬이는 게 파리나 모기가 친구라서,
주저앉아 있을 땐.

향기는 향수란 걸 퍼지고 난 뒤 알아서,
이쁜 꽃을 바라보다.

절벽에 떨어진 적이 많아서,
한 걸음 더, 한 걸음 더 하다가.

하 찮은

들판의 잔디,
썩어감의 투영되는 세포의 배열까지.

아니라 고개 저어도,
젖은 네 어깨와 외로움 밑.

적시고 난 뒤 찾아오는 아침,
밤, 바다 바람 시.

차다 뒤로 냉기로 남아,
감아 따뜻한 건 있어 뭐하리까.

벌레들의 행렬,
뒤 찾아오는 소나기.

바깥에 남겨진,
같잖은 낙엽소리.

돌아 서서

기대어 눕고 싶던 창가엔,
지켜보는 그윽한 차가움.

검다,
색이 검어 푸른 시림이 아니라.

점찍은 맘에 한평생 묻겠다가,
쉽게도 돌아가는 건 입술뿐만이 아니라.

새벽 맺힌 눈물도 마르고,
미움도 굳고 나서도.

아픔이 문제를 삼지 않고,
사랑이 없다는 것이 나를 돌아눕게 하드니.

손톱

고통 없는 뼈를 깎고,
향기 없는 색깔을 칠하고.

사랑 없는 몸을 섞고,
후회가 가득한 한숨을 뱉고.

빈집

모든 것을 다 주고서야,
남은 어둠에 잠이 드는 해 년 달.

분 초 그릇에 담아,
비워낸 건 어둠이 밝힌 길이렸다.

태워버린 시간들에 있어,
나에겐 주어지지 않았던 해와 달.

빛과 어둠이 그저 공존해서야,
그림자는 나를 내가 볼 수 있게 만든다.

눈동자

눈동자에 비추는 설움이,
나에겐 사랑의 이유였다.

밝게 비추는 해가 그 눈엔,
차디찬 새벽의 인내였을까.

쉽게 녹아버린 세상을 탓하고,
또 쉬움에 있어 너의 눈은 되려 뜨거운데.

후 불면 날아가 버릴 그대의 설움은,
눈에 쌓여 죽어갈 벌레였드랬다.

옷

색깔이 얇더랬다,
그만큼 쉬운 몸은 향기에 짙더랬다.

후벼 파는 체취의 갈취가,
누군가에 기댈 만큼의 온기는 아니더랬다.

피부가 보이고,
속이 보인다.

짙게 물든 아름다움은,
밤이 끝나면 모두 타버릴 것이었다.

비극

천재는 죽었고,
죽음 뒤에 피었다.

시들어감에 핌을 기다리다,
늙어버린 주름도 피었다.

새벽 기다리던 엄마의 발걸음이,
맴돌던 시간의 전부가 되었고.

그 계절 음미하던 차가움은,
되려 봄이 되고 나서야 돌아보게 돼.

노랫소리가 그대를 담아도,
깊은 슬픔은 그저 소음일 뿐인 채.

얼음처럼 굳어진 뇌의 조각들도,
상처가 녹여주면 무슨 행복이라고.

이 면

고이 적어 스며들어라 함에,
지긋지긋한 외로움이 찢어놓아.

심 끝은 매번 절벽 끝에 서있고,
찍어 내린 곳에는 눈물 머금은 꽃 한 송이.

사고와 선택

긍정적인 거짓말쟁이와,
부정적인 신이 있다면.

나를 만나러 오지 않는 엄마와
나를 사랑한다고 말해주는 강아지가 있다면.

아픔 후에 찾아오는 행복이 있고,
행복 후에 찾아오는 아픔이 있다면.

만남의 즐거움과,
이별의 고통이 있다면.

삶과,
죽음이 있다면.

해가 진 후엔,
달이 차오름이 있다면.

방문

두드린 방 안 가득,
소리 없는 울음이 차오르던 곳.

문에 기대어 몇 날 밤을 지새우며,
된통 너에게 남아 지내왔다.

오지 않던 발걸음이 당연해지듯이,
나선 입술은 시퍼런 채 외로움을 끝내듯이.

이겨 나온 위선자는 없으며,
아파만 했던 겁쟁이도 없었다.

두드린 방 안 가득,
소리 없는 울음이 차오르던 곳.

무엇을 더

원해야 함은,
차오르지 않음을 만족시키던 독.

처음 그대 잘해주던 미소에,
정은 아득히 녹아 외로움은 어찌하리까.

기억도 못하던,
한 말, 한 말에.

한마디, 한마디 차올랐던,
원망도 나오지 않을 때.

자가 끼고 놀던 몇 푼 오락들은,
어찌 그대를 환하게 피어오르게 하리꼬.

눈은 잠겨 강아지처럼 잠든 그대를 보며,
써내리 오던 새벽의 눈물 씻으며.

자가당착

짐 뒤 뒷짐은 공경의 빛이랴,
논 밭 지은 밥 더딘 재 흙의 맴도는 차가움.

서리가 진 처녀의 곡괭이,
또한 아울러보다 짖은 개의 물어뜯는 갓.

고인 욕정의 찾아오는 무덤,
자라나는 잡초를 뽑아내러 오던 아들과 딸.

바짓춤에 무당의 한소리,
찾지도, 되려 짚지도 않던 두려움의 밝기와 발.

냉기의 입술에 찾아온 따뜻함,
되려 온기는 찾아 헤매는 손톱.

보기 좋은 관례의 시답잖은 메아리나,
홀로 남아 넋두리 실은 덧없는 외로움일지라.

스무 살

익은 열매가 맛있게 맺히던 시절,
한 입 베어 물어보니 안은 썩고만 있던 나이테.

잔마다 취해,
구석구석 뱉다 보니 남아있던 외로움.

무엇이 그토록 절실해 맺은 친구,
쌀 한 톨에 등 돌려 감은 눈.

당연한 듯해서 비는 못,
박아버린 마음은 왜 항상 나여야 해.

익은 열매가 맛있게 맺히던 시절,
한 입 베어 물어보니 안은 썩고만 있던 나이테.

벌레

찾음에 있어 빠르던 눈은,
돌아봄에 있어 늦어버린 듯해.

쉼 없이 외치던 꽃의 향기에도,
괜스레 찾아오는 밝음이 오면 난 숨어버리지.

우울

실증이 나 버려버린 편지들을 뒤로한 채,
어느 순간 자랑이라며 내뱉던 입술의 글들.

안줏거리 삼아,
자신을 달래달래 웃음을 짓자 잔을 부딪혀.

적어 내리던 손을 잡고,
따뜻함이 내리던 이쁜 말은 태우자.

고독과 쓰레기들만 남았다,
잔은 하나에 입은 셋이라.

돌려 마시다 보니,
부딪힐 입만 많아진다.

쓴웃음 지으며,
다 지느러미 친구들이지.

배

찾지 마라,
마지막 울리던 경적.

처녀의 울음은,
바다가 붉게 물들리고.

진하디 진한 주름 뒤에,
어미는 앞서 웃음 짓다.

묻혀있는 아비 아프디 아팠을까,
잡초가 자라면 뽑지도 베지도 말 것.

찾지 마라,
마지막 울리던 경적.

처녀의 울음은,
바다가 붉게 물들리고.

오랜 이별

닿음이 닿지 않아,
그대가 닳더라도.

후에 있어 우리는,
아님을 닮지 마오.

빛나는

빛나던 밤,
가라앉을 입술.

메말라 버린 나무,
한숨에 휩싸여 재가 되리.

타고 남은 변,
새로움에 있을 거름.

딛고 나오는 새싹 뒤로,
빛나지 못했던 젊음들.

노동요

찍어내는 바위 뒤로,
튀긴 파편에 매 맞는 개미들.

게으름과 다른 태연함은,
깊이깊이 차오르지 못한 영혼의 한몫.

불러 담을 수 있을 요정의 입엔,
되려 탁한 분칠의 습득성.

우울함이 깃든 손등 위에,
가지런히 내려앉은 모기 한 마리.

구름

한 뼘 정돈,
그저 가리지 못해서.

눈에 띄일 쯤에는,
수 없이도 뭉쳐있던 것.

휘휘 저어 풀어놓을걸,
휘파람이라도 불어 휘저어 놓을걸.

맑던 하늘이 많을 땐,
그렇게나 춤을 춰댔지.

언제 왔다는 듯 예고도 없던 서리가,
창문을 깼을 땐 그저 울었어야 했는데.

두고 온 것

두서가 없어,
챙기지 못한 마음.

겨울의 환기에,
찾아오는 환절기의 웃음.

아픔의 진통제,
장미의 향기.

두고 온 것,
두고 온 것.

스치다

바람이 많이 불었다,
옆구리는 얼어붙었고.

해가 진득이 뜨는 날이면,
녹다 못해 달라붙었지.

살짝 흘깃한 말 한마디에,
되려 선택의 폭은 좁아들었고.

선택의 무게를 느끼기엔,
아직은 자유롭고 싶을 듯해.

바람에 내 전부를 담아,
울고 시린 밤을 보낸 내가 모이면.

스침으로 인해,
네 기억에 얼어붙기를 부탁해.

조바심

되려 겁이 난 건,
불확실한 나였다.

아픔에 동여맨 밧줄,
깊게 박던 창가의 빛.

억지로 닫던 입술,
부딪히던 성욕.

자각의 빈곤함 뒤,
되려 찍는 어린이의 손등.

풀려버린 주름의 끈,
술집에서 울려 퍼지는 메아리.

방 안의 신음,
신발에 묻은 진흙 냄새.

다른 곳

꽃이 피며,
지지 않는 곳.

낙엽이 떨어지지 않고,
되려 더 물들어 진해지는 곳.

아픔이 되려,
행복으로 보상받던 곳.

되려 번져버린 기억 속에서,
물감으로 밝은 색을 입히던 곳.

반 작용

내가 한 손을 뻗을 때,
너는 되려 한 발을 뻗어야.

우린 비로소,
춤이 완성돼.

춤이 완성돼,
우린 비로소.

너는 되려 한 발을 뻗어야,
내가 한 손을 뻗을 때.

빛

가장 진한 어둠도,
가장 흐린 빛에 사라지는 거라고.

방 안 가득 홀로 되뇌던 혼잣말,
새가 물어 꽃은 피어날 거라고.

그림자에 숨죽여,
조그마한 바람이 불면.

그을린 그 자리에,
내가 설 수 있는 땅이 생길 거라고.

귀가

매 무거운,
발걸음이었다.

싸우는 소리,
힘이 없던 우리.

가는 길 따뜻한 음식 소리,
스쳐 가는 내음에 희미해졌던 마음.

텅 빈 집,
시체 네 구의 휴가.

커져간 몸,
좁아진 마음.

돌아보는 집,
이미 떠나버린 온기.

남아있는 짓,
구태여 초라함의 냉기.

창가

비집고 들어온 차가움,
그 이상, 그 이하도 아니었다.

되려 찍는 한숨,
깊이 파고든 강아지.

시울이 붉어진,
저녁 지기 전 노을.

모든 바램들과,
엉켜버린 못.

목 끝까지 잠근,
전쟁을 회피한 장군.

비집고 들어온 차가움,
그 이상, 그 이하도 아니었다.

흰 바람

손에 물감이 묻은 것,
물감에 손이 묻은 것.

이쁘다는 말마따나,
그립다는 말마따나.

흔적

기억 속에 살고,
기억은 곪아 피어 나온 외로움.

계절이 찾아오면 나는 냄새에 있어서,
주름은 나 자신을 먹어가는 나이테.

피로 씻고 물로 씻고,
보이지 않는 마음은 덕지덕지 붙은 때.

그때에 있어서,
남아있는 흔적에 매번 빠졌던 발걸음.

웃자,
웃자.

그 틈에 파고들어 미친 듯이 웃자.

피어나는 이유 모를 잡초만이,
나에겐 살아가는 이유가 되리라.

글씨

심이 끝에 닿아서야,
써내려 갈 수 있던 마음.

그 끝이 닿기 전에,
눈만 깜빡이던 네가 싫다.

행복한 기억

발버둥 치는 아이를 딛고,
뼈저린 부모는 울다 낳다.

태어남이 행복이라,
아이는 무지 속에 깨달음을 찾다.

차오름에 언변은 꿰뚫고,
막아서는 이 악해야 입에 밥 칠을 하지.

돌아간 방 안은,
또 흘러 자궁 속이다.

노인

말이 많은 노인은,
텅 빈 수레를 끌었다.

입을 채운 아이는,
많은 사랑을 받듯이.

천장

벽 앞에 주저앉아 웃던 노인, 그마저도 실성은 아니었다,
한풀 꺾여지는 잡초들도, 그마저도 짐은 아니었고.

매일 끄덕이던 고개를 접고,
돌아와 누운 집은 따뜻함은 아니었으며,
올려다본 그 하늘조차도, 천장만큼은 막아주지 못했다.

잡히지 않던 아름다움은
잡힘이 있어야 보이기 시작한다고,
그마저도 남겨주지 않던 무심한 너에게,
되려 나 자신은 숨소리도 내지 못했다.

우는 소녀의 마음에 들어있던 인형은
돈 몇 푼에 누군가의 인형으로 변하고,
매일 자기 자신을 가린 채,
밤이 몇 해가 뜨는 사람들의 무채색.

무감증에 걸린 소년의 고통과,

죽어가는 소녀는 서로 마주치지 못했으며,
텅텅 빈 놀이터 옆 벤치와,
시끌벅적한 어린이는 마주 볼 수 없었다.

아름답던 누군가의 결혼 소리는 울리고,
서로를 탓하는 소음에 이불 속을 뒤집다,
택할꼬, 택할꼬 하다
어이연 나이가 들어 치맛품에 주저앉고.

삶, 돌아보다 취한 밤에 풍악을 읊고,
읊고 나면 젊은 왕들은 웃더랬지 광대 보고.

누굴 탓할까 싶어 지치다,
눈을 감고 뜨면 맑은 밤이로다가.

물이 흐르고 새가 지저귀고,
좀 먹고 반복되어 기억에서 알을 깸.

후에 잡초가 되었다가,
또 강아지 똥이 되었다가.

지나간 세월은,
그저 막아놓은 울분이어라.

굳어 굳어 굳어 굳은 몸과 정신도,
들이켜 내쉬는 숨과 함께 무의 경지에 서서.

굳어감의, 연속이어라,
굳어감의, 연속이어라.

홀로

이명이 들린다,
바람 소리가 들린다

너무 잘 들린다,
초침 소리도 우울하다.

주눅 든 턱을 받치고,
눈을 감는 것이 최고의 순간이다.

혼자라는 것은,
되려 그렇더이다.

소음이 들린다,
동물들의 흐느낌 소리가 들린다.

너무 잘 들린다,
토해내는 소리는 이제 무료하다.

무료한 턱을 받치고,
귀를 막는 것이 최고의 휴식이다.

혼자라는 것은,
되려 그렇더이다.

비움

다 울더라고요,

혼자 남는 새벽은.

그대의 증거는,

혼자 남은 새벽일 텐데.

빈

콕 집어 말했다,

속은 텅텅 비어 있는 거라고.

그 후엔,

말로 가득 공기를 채웠다.

창작

눈을 씻고 그대를 어루만진다.

함은,
그대는 없기 때문이다.

창조

용서의 바람이 불어서,
불순한 모든 것을 씻어 내리고.

욕심과 더불어 타오르던 성욕은,
그저 사랑을 기둥 삼아 올바르게 타올라가고.

아이는 웃고,
어른의 마음은 커져감에 있어서.

눈을 씻고 다 태워버린 현실은,
그저 더 즐거울 뿐이다.

정화

불러온 그이는,
나를 뜨겁게도 불태웠다.

시간이 나를 데려가지 못하게끔,
태우고 태워 재를 만들었으리.

깔끔하게 태워버림은,
그저 형체가 없는 색깔인가.

흩날리는 잔해들은,
어디에도 섞이지 못할 색인데.

발걸음

두 발 편히 뻗어 잠들지 못하는 당신의 발등 위에,
그저 지긋지긋한 모기가 되어.

나쁜 피를 전부 다 빨아내,
오늘만큼은 재워 주고 싶은 밤.

손사래 휘젓는 상처에,
그저 피하지 못해 맞아 복부가 터져나가도.

그대는 그대의 피가,
검게 변했다는 걸 인지하지 못할지라도.

웃음

애써 찢어 만들어 놓은 웃음,
그 놀이판에서 놀부는 기생과 훗어긴다.

훑어 비추는 기생들의 치맛자락에,
가지런히 핀 꽃 한 송이라도 있을까.

황야

황야에 핀 잔디,

그런 건 바라지도 않아.

그저 낮엔 모래바람이 휘몰아쳐도,

그저 밤엔 하늘에 별들이 무수히 뜨길 바랄 뿐이지.

회색 공장

옳고 그름은 나이가 예의인지라,
깨달음 없이 벼슬자리에 올라간 노인의 색.

그 노인의 푸념은,
항상 과거의 색.

배울 것이 없는 우리들에겐,
그저 성욕이 제일 강한 빛깔.

맛있게 음미한 후,
허기져 그대만을 찾는 회색 공장 속.

아주 작은 밤

아주 작은 밤,
새소리의 고요함.

아주 작은 밤,
바람 소리의 안락함.

아주 작은 밤,
그대의 작은 숨소리.

아주 작은 밤,
서로만 알았던 사소한 습관 소리.

아주 작은 밤,
그 아주 작던 밤.

불빛

불빛이 밝아,
뒷걸음질 친 아이는.

밝음에 속아,
그림자만 밟고 있었다.

마을

뒤덮인 마을이,
또 잠겨 버렸다.

두 눈 젖은 눈가엔,
그저 빗방울이 마를 정도.

딱 그 정도에,
난 또 지쳐버렸다.

딱 그 정도에,
난 또 잠겨버렸다.

예술가

우리는 시대에 대해서,
더 나아가지 못해.

그저 해놓고,
죽을 뿐이야.

아침

침은 피가 되어,
눈물은 술잔에 담아.

너 한 잔,
나 한 잔.

눈뜨는 아침은,
새로운 아침.

시간

시간도 달래야 한다,

쫓아가기만 해서 지쳤나 보다.

물감

굳은 입술에,
색을 칠해보면.

돌인 줄 모른 채,
벌레들은 꼬인다.

누구 하나 떳떳하랴,
이 생 지고 감에 그저 탐스러운 걸 찾아.

비틀비틀 가로등 밑,
긴 줄을 기다리는 하루살이 한 마리.

피다

마음은 늙어도 꽃인데,
그대는 피어버린 주름.

그저

그저,
품 안에 기대어 울고 싶다.

모든 걸 내려놓고 한순간만이라도,
나는 나로 돌아가고 싶다.

나는 나로 돌아가고 싶다,
모든 걸 내려놓고 한순간만이라도.

품 안에 기대어 울고 싶다,
그저.

빈 속

게워낸 것들이,
소화되지 않았음에도.

채워내야 할 것들은,
확실하지 않은 것.

반가움

웃음 짓는 그대는,
웃음 짓지 못한다.

그저 끄덕여 주는 그대 앞에서,
한없이 작아질 뿐.

죄와 끝

하지만,
우리가 알아야 할 것은.

그것이 끝이 아님을 알지 못하는 것이,
우리의 죄이다.

해방에 잠기다

비가 무서워,
우산을 쓰지 못한 아이는.

이젠 비에 흠뻑 젖어,
입을 벌리고 웃었다.

명절

돌아가신 분 딛고,
돌아가 버린 자식들이 뭉치길 바라면서.

가족

서로 지친 모습이,
서로 피해될까 더 불편하게 된.

찢어진 따뜻함은,
항상 밖으로 겉돈다.

생일

누군가를 위해서 준비한다면,
누군가를 위해서 태어났겠죠.

불붙은,
촛불을 불면서.

후 불면,
한 번 만에 촛불이 꺼지리라 믿었던 그때까지는.

잡담

소리가 짙다.

그저 지지배배 우는 소리가,
공원 한적히 내 심을 메운다.

그저 누군가의 소음은,
내 맘속에 작은 미동이다.

꽃의 차이

핀 꽃을 보며 이쁘다 말하는 이와,
진 꽃을 보며 슬프다 말하는 이.

진 꽃을 보며 필 때를 웃어주는 이와,
핀 꽃을 보며 져버릴 때의 슬픔을 아는 이.

그 온도, 그 사이,
그 차이.

황홀한

불빛이 켜지기 전엔,
불빛이 켜질 줄 몰랐다.

이 마

긴 앞머리 귀 뒤로 넘겨,
입맞춤에 있어 난 얼마나 많은 말을 했었는지.

그대는 알까,
그 넘겨진 머리카락은 알고 있을까.

허 상

사랑이 끝나면,
허상이었길 항상 빌고.

허상이 끝나면,
현실이었기를 항상 빈다.

하나

하나에 하나를 더하여 둘을 원하시나요,
아니면 하나에 하나를 더하여 하나를 원하시나요.

실수

실수로 누군갈 사랑할 순 없지,
정말 누군갈 사랑해 보았다면 말이야.

더위

더위가 진해져,
배가 눌어붙었다.

우린 그저 부둥켜안은 채,
뒤룩뒤룩 살이 쪄갔다.

그렇게 사계절은,
우리에게 더위였다.

그렇게 사계절은,
우리에게 더위였었다.

강박

닿지 않는 마음에 피지 않는 꽃이,
언제쯤 피어줄까 노심초사 강박.

반복된 노력 속에,
강박증은 시들었다.

꽃을 피울 수 없는 꽃은 꽃이 아니라 했던가,
꽃을 찾기 위해 다시 돌아보는 강박의 반복성.

표현

말 이전에,
서로를 생각하는 마음.

그뿐이면 돼,
그저 웃음 지으면 돼.

피

바람에 베여,
진한 향기만 남았다.

그 향기로 늑대들을 불러,
내 몸을 찢게 놓아둔다.

정작 사냥꾼이 왔을 땐,
그저 슬픔만 남아있기로.

기울다

마음이 혹여나 갈대라서,
네 마음이 다른 이에게 기운다거든.

그저 네 목이 꺾임에도,
그를 사랑할 수 있어야 할 것.

겁쟁이

몸과 마음을,
반만 담가 놓고 사랑한다.

그건,
누굴 위한 사랑인가.

밤 새

밤새 울었다대요,
밤은 그저 모른 척 계속 어두웠다네요.

밤새 잠들었다대요,
밤은 그저 피곤한 척 같이 잠들었다네요.

그 밤새,
도통 무슨 일이 있었을까요.

빛이 비쳐지는 순간,
끝날 그 밤새요.

방황

뭘 해야 하는지 알고 있다면,
정해진 방향이 있다는 건.

어쩌면 무척 지루한 일정이 될 것 같다.

그래서 우산 챙기는 걸 깜빡했다,
라고 생각하고 싶어 웃었다.

설명할 수 없이 나를 혼란스럽게 하지만,
무척 재밌고 우울한 건 비는 내린다는 것.

그래서 우산 챙기는 걸 깜빡했다,
라고 생각하고 싶어 웃었다.

차 례

내 차례가 다가와 즐거움을 만끽한 후,
또 끝나버림에 앞서 두려움이 목을 조여 온다.

외로움의 반복성,
요즘 사랑의 형태다.

공유

날 투명하게 비춰주고 보라 한들,
넌 있는 그대로 날 바라볼 수 있을까.

널 투명하게 바라보라 한들,
내 머릿속은 순수하게 널 받아들일 수 있을까.

거짓 이쁨

꺾인 꽃 뭉치를 들고,
서로의 미소도 같이 시들고.

이중인격

왔다 가버렸다 하는 너에게,
난 항상 남아달라 했다가.

우두커니 가버릴 너의 모습 알기에 떠나라 했더니,
남은 건 외로운 내 이중인격 하나뿐.

씻어 내림

너로 내 몸을 더럽히고,
또 홀로 남아 나로 나를 씻어내림.

대부분

대부분 그렇다고 한들 모든 부분은 아니기에,
오늘 또 새로운 헤어짐.

뒷모습

등을 보이는 네 모습에,
내 마음은 따뜻해져 버렸고.

등만 보이는 네 모습에,
내 마음은 차갑게 얼어 버렸다.

냉정한

차가움이 밝았다.

난 누구에겐 시렸고,
누구에겐 시원했겠다.

찬 바람이 밝았다.

춥다 꽁꽁 싸맨 마음이 얼어붙기 전에,
나도 차가워져 이겨나가야 할 때이다.

임 종

종이 울릴 때가 왔다,
눈앞이 날카로이 차갑다.

우울했던 달빛은 이제야 날 포근하게 감싸주고,
두 눈 감으라며 애기 때처럼 토닥토닥거려 준다.

포근한 빛,
그곳엔 있을까.

두 눈 감기 무서워,
애기 때로 돌아가 엄마를 찾는다.

종이 울릴 때가 왔다,
눈앞이 날카로이 차갑다.

표기

상처를 갈비뼈에 쓰고,
겨울이 되면 찾아와 읽어주는 바람.

행여 뜨거울 땐 불어도 뜨겁다가,
상처 지나 찾아올 땐 왜 이리도 추운지.

쓸 자리 없어 빼곡하다 생각하여도,
쓸 자리 더 남아있다 쓰라 시킨 선생님.

그 갈비뼈로 너를 만들고,
사랑함에 있어 너도 그랬음 싶었다.

변함없는 마음은,
바람 불어 움직인 그네 같으나.

그 그네도 이젠,
바람에 베여 곳곳 쓰였나 보다.

공백

백 자 적어 되뇌어도,
붉은 입술에 돌아가 버린 마음.

뇌의 온도도 붉어진 채,
향기로운 욕망의 향은 오늘만을 태우다.

빈 것을 보고 웃으며 나아갔던 병신과,
그 신이 노해 선물해 준 병들은 값지던지.

흥에 취해 적이 오는지도 모른다,
혹여 적은 앞의 마음일지언정.

핥고 음미하는 혀에 있어서,
너의 공은 백 자 백이로다.

미련이란 건

사랑이라는 연극이 끝난 뒤,
관객들의 환호와 박수갈채를 받는다.

무대를 내려오고 나서야 내가 잘했나 싶어,
뒤돌아서서 무대를 쳐다본다.

그 무대를 쳐다보고만 있던 게,
벌써 몇 년째다.